Maja And The Sea: Bilingual Danish-English Short Stories for Danish Language Learners

Pomme Bilingual

Published by Pomme Bilingual, 2024.

MAJA AND THE SEA: BILINGUAL DANISH-ENGLISH SHORT STORIES FOR DANISH LANGUAGE LEARNERS

First edition. August 17, 2024.

ISBN: 979-8227530745

Written by Pomme Bilingual.

Table of Contents

En Eftermiddag 1

An Afternoon 5

Stille Lykke 9

Quiet Happiness 13

På Floden 17

On the River 21

Det Frosne Lys 25

The Frozen Light.. 29

Maja og Havet.. 33

Maja and the Sea 37

Efterår ved Søerne.. 41

Autumn by the Lakes 45

En Stille Glæde 49

A Quiet Joy 55

En Eftermiddag

Kari sad på den lille træbænk i sin have og betragtede de sene eftermiddagssolens gyldne stråler, der brød igennem de store, grønne egeblade. Klokken var lidt over tre, og en mild brise kærkomment kærkomment dansede mellem blomstene. Det var en tid på dagen, hvor verden syntes at være stille og alligevel fyldt med en stille puls af liv.

Hun havde haft en lang uge, fyldt med arbejde og pligter, men denne eftermiddag var anderledes. Hun havde taget fri fra kontoret, og i stedet for at tage sig af de mange papirer, der normalt fyldte hendes skrivebord, havde hun besluttet at tilbringe tid i sin have. Den var hendes fristed, et sted hvor tidens gang synes langsommere, og hver detalje blev en kilde til ro.

Kari nød den stille glæde ved at se på sine blomsterbede, som hun havde arbejdet på hele foråret. Der var en nykapped roser, der begyndte at blomstre, og en velplejet urtehave, som nu gav de første frugter af sin mængde. Hun plukkede nogle friske basilikumblade og duftede dem. Den skarpe, friske aroma fyldte hendes næsebor og bragte en følelse af tilfredshed.

En svag summen af bier, der svømmede omkring de blomstrende lavendelbuske, gav en behagelig lydkulisse. Det var som om naturen selv var med hende i hendes lille øjeblik af ro. Hun tog en slurk af sin te, som hun havde lavet tidligere på dagen, og lod varmen fra koppen sprede sig til hendes fingre.

På en lille plade ved hendes side lå et brev, som hun havde modtaget fra en gammel ven. Hun havde ikke set denne ven i mange år, og brevet bragte minder fra en tid, der var både fjern og nær. Hun tog brevet op og læste det en gang til, selvom hun allerede kendte ordene udenad. Det var fyldt med varme, venlige ord, og det mindede hende om, hvor vigtigt det var at værdsætte de mennesker, der havde været en del af ens liv.

Kari rejste sig fra bænken og gik hen til sin lille drivhus. Hun åbnede døren forsigtigt og trådte ind i det varme rum, hvor hun blev mødt af duften af nyslået jord og grønt. Hun gik hen til sine tomatplanter og begyndte at vande dem. Hendes hænder arbejdede rutinemæssigt, og hun nød den simple, men tilfredsstillende opgave. I det stille rum var det nemt at lade tankerne flyde, og hun tænkte på, hvordan det enkle liv i haven gav hende en følelse af tilfredshed, som hun ikke fandt noget andet sted.

Da hun havde afsluttet arbejdet i drivhuset, gik hun tilbage til bænken og satte sig ned igen. Hun kunne mærke den bløde varme fra solen på sin hud, og det var som om, alle verdens problemer og bekymringer blev opløst i lyset. Hun lukkede øjnene og trak vejret dybt, nød den stille fred, der fyldte hendes sind. Det var i disse stille øjeblikke, at hun fandt sin lykke.

Som solen begyndte at sænke sig ned mod horisonten, blev skyggerne længere, og lyset blødere. Kari kunne mærke en let træthed, men det var en behagelig træthed, som følge af en dag fyldt med simple glæder. Hun vidste, at når solen gik ned, ville natten bringe en ny ro, og hun ville falde til ro med en følelse af tilfredshed og fred.

Hun rejste sig fra bænken, og da hun gik mod huset, tænkte hun på, hvor meget hun havde nydt denne eftermiddag. Den havde været fyldt med små øjeblikke af glæde og fred, som var værdifulde på deres egen stille måde. Kari gik ind i huset og satte sig ved spisebordet med et smil på læben, klar til at nyde en stille middag.

Det var en dag som mange andre, men for hende var det en påmindelse om, hvor meget glæde der kunne findes i de enkle, stille øjeblikke af livet.

Hun var lykkelig, ikke på grund af store begivenheder eller vidunderlige ting, men fordi hun havde haft tid til at værdsætte de små, daglige glæder.

An Afternoon

Kari sat on the small wooden bench in her garden, watching the golden rays of the late afternoon sun filtering through the large, green oak leaves. It was just past three o'clock, and a gentle breeze danced welcome between the flowers. It was a time of day when the world seemed still yet filled with a quiet pulse of life.

She had had a long week, full of work and duties, but this afternoon was different. She had taken the afternoon off from the office, and instead of dealing with the piles of paperwork that usually filled her desk, she had decided to spend time in her garden. It was her sanctuary, a place where time seemed to pass more slowly, and every detail became a source of peace.

Kari relished the quiet joy of looking at her flower beds, which she had tended to all spring. There were new roses beginning to bloom and a well-tended herb garden now yielding its first produce. She picked some fresh basil leaves and smelled them. The sharp, fresh aroma filled her nostrils and brought a sense of satisfaction.

A faint buzzing of bees hovering around the blooming lavender bushes provided a pleasant soundtrack. It was as if nature itself was joining her in this little moment of calm. She took a sip of her tea, which she had brewed earlier in the day, and let the warmth from the cup spread to her fingers.

On a small plate beside her lay a letter she had received from an old friend. She hadn't seen this friend in many years, and the letter brought memories from a time that was both distant and near. She picked up the letter and read it once more, even though she already knew the words by heart. It was filled with warm, kind words, and it reminded her of how important it was to cherish the people who had been part of her life.

Kari rose from the bench and walked over to her small greenhouse. She opened the door gently and stepped into the warm space, where she was greeted by the scent of freshly turned soil and greenery. She walked over to her tomato plants and began watering them. Her hands worked rhythmically, and she enjoyed the simple, yet satisfying task. In the quiet room, it was easy to let her thoughts drift, and she reflected on how the simple life in the garden gave her a sense of contentment she didn't find elsewhere.

When she finished her work in the greenhouse, she returned to the bench and sat down again. She could feel the soft warmth of the sun on her skin, and it was as if all the world's problems and worries dissolved in the light. She closed her eyes and took a deep breath, savoring the quiet peace that filled her mind. It was in these quiet moments that she found her happiness.

As the sun began to set towards the horizon, the shadows grew longer and the light softer. Kari felt a gentle fatigue, but it was a pleasant weariness from a day filled with simple joys. She knew that when the sun went down, the night would bring a new calm, and she would rest with a sense of contentment and peace.

She rose from the bench and as she walked towards the house, she thought about how much she had enjoyed the afternoon. It had been filled with small moments of joy and peace, which were valuable in their own quiet way. Kari entered the house with a smile on her face, ready to enjoy a quiet dinner.

It was a day like many others, but for her, it was a reminder of how much happiness could be found in the simple, quiet moments of life. She was happy, not because of great events or wonderful things, but because she had had time to appreciate the small, daily joys.

Stille Lykke

Vinden blæste svagt fra vest, og bølgerne slog roligt mod strandens klipper. Lars sad alene på en af de gamle træbænke, som lå halvmørke og slidte efter mange års udsathed for havets elementer. Det var tidligt om eftermiddagen, og solen brændte svagt gennem de grå skyer. Lars havde været her før, på den samme bæk, og nu var han tilbage efter mange år. Det var, som om tiden selv havde skubbet ham tilbage til dette sted.

Han tog en lille skænk op af sin jakke og hældte en smule whisky i sin krus. Han rørte langsomt rundt i det brune væske med sin finger, mens han betragtede det sene eftermiddagslys. Det var en simpel rutine, men en, der havde givet ham en vis ro i de mange år, han havde været væk fra kysten.

Havet var stille, men det var kun en illusion. Lars vidste, at under overfladen var det fuld af liv, ligesom han selv. Han tænkte på de mange år, han havde brugt som sømand, og de mange historier han havde oplevet på sine rejser. Men nu var han tilbage her, hvor det hele startede. Tilbage til sin hjemby, til kysten som havde givet ham både drømme og sorg.

Han havde fået besked om, at hans far var død. Det var en besked, som han havde ventet på i lang tid, men som alligevel ramte ham hårdt. Hans far havde været en mand af havet, og Lars havde arvet hans skæbne. Nu, når hans far var væk, følte Lars, at en del af ham også var forsvundet. Den eneste forbindelse til det liv, han engang havde haft, var nu denne gamle træbænk og det stille hav.

Lars kiggede på de forrevne klipper, som brød bølgerne, og mindedes sin barndom. Han huskede, hvordan han som dreng ville kravle ned ad klipperne og lege i vandet. Det havde været en tid, hvor han var uskyldig og uden bekymringer, før verden havde vist sine hårde ansigtstræk. Han vidste, at de dage aldrig ville vende tilbage, men der var en skønhed i at tænke tilbage på dem, en skønhed i at huske, hvordan det var at være ung og fri.

En skibsklokke klang svagt fra havnen, og Lars vendte sig mod lyden. Det var en gammel vane at lytte til klokken, som markerede tidens gang, både for skibene og for ham selv. Det var en påmindelse om, at verden stadig gik videre, selv når man følte sig stående stille.

Han tog et drag af sin whisky og mærkede den varme væske glide ned ad halsen. Det var ikke nødvendigt for at blive beruset, men det gav ham en følelse af tryghed, en form for forbindelse til fortiden. Det var som at finde en gammel ven i en tid med usikkerhed. Han lukkede øjnene et øjeblik og forestillede sig, at han var tilbage på havet, fri som en fisk. Men det var en flugt fra virkeligheden, en drøm som kun varede et kort øjeblik.

Lars åbner øjnene og ser på klipperne igen. Han lægger mærke til en lille fugl, der hopper rundt mellem stenene. Det er en god fugl, en af dem der ikke bekymrer sig om verdens problemer. Det var en fugl, der levede i nuet, i et øjebliks glæde. Han misundte fuglen en smule. Den havde ikke nogen fortid eller fremtid at bekymre sig om. Den fløj fra sten til sten, fra øjeblik til øjeblik, og levede et liv fyldt med enkel tilfredshed.

Som skumringen nærmede sig, begyndte luften at køle ned. Lars rejste sig fra bænken og trak sin frakke tættere om sig. Han gik ned til havnen og så på de gamle fiskerbåde, der lå stille og ventede på den næste tur ud på havet. Det var bådene, som hans far havde elsket, og nu følte han, at han også havde en forbindelse til dem.

Han gik ind i den lille café ved havnen, hvor han plejede at komme, da han var yngre. Caféen var fyldt med de samme ansigtstræk, og det var som om, tiden havde stået stille her. Han satte sig ved et bord i et hjørne og bestilte en kop kaffe. Mens han ventede, kiggede han rundt i lokalet og så på de gamle billeder på væggene. Billeder af skibe og havnearbejdere, som mindede ham om en tid, hvor livet var mere enkelt og mindre kompliceret.

Kaffen kom, og han tog en langsom slurk, mens han betragtede de mørke skyer, der samlede sig over havet. Han tænkte på, hvordan han skulle tilbringe natten. Han kunne tage ud til fyrtårnet, som hans far havde arbejdet på i mange år. Fyrtårnet var en konstant, en lysende beacon i en verden, der ofte kunne være mørk og uforudsigelig. Det var et sted, hvor han havde tilbragt mange timer sammen med sin far, og nu følte han en trang til at vende tilbage dertil, måske for at finde en form for afslutning.

Da natten faldt på, forlod Lars caféen og gik mod fyrtårnet. Stien var smal og snoet, og det begyndte at regne let. Han gik langsomt, som om han ønskede at forsinke øjeblikket. Fyrtårnet blev større og mere majestætisk, som han nærmede sig, og han kunne se lyset fra dets lampe, der brød gennem mørket.

Lars nåede fyrtårnet og klatrede op ad de mange trapper, som han havde klatret så mange gange før. Da han nåede til toppen, blev han mødt af den kolde vind og den storslåede udsigt over havet. Han stod der, og det føltes som om, han var den eneste menneske i verden. Han så ud over bølgerne og følte en dyb fred. Han tænkte på sin far og på, hvordan han havde ønsket, at han kunne dele dette øjeblik med ham.

Selv om hans far var væk, og hans liv nu var fyldt med minder og længsler, følte Lars en vis ro ved tanken om, at han stadig havde forbindelsen til sit oprindelige hjem. Fyrtårnet, havet og de gamle klipper havde en særlig betydning for ham, og det var i dette stille øjeblik, at han fandt en form for lykke. Det var ikke en stor eller højlydt lykke, men en stille forståelse af, at han stadig var en del af noget større.

Da han gik ned ad trapperne og vendte hjem, vidste han, at han havde fundet det, han havde søgt. Han havde fundet en følelse af fred, en ro i at være tilbage på det sted, hvor alt havde startet. Han gik tilbage til sin bæk og satte sig igen, nu med en følelse af, at han havde afsluttet en vigtig del af sin rejse. Måske var det ikke en rejse med store eventyr eller heroiske gerninger, men det var en rejse af selvopdagelse, og for det var han taknemmelig.

Som natten omsluttede kysten, og havets bølger stadig slog mod klipperne, vidste Lars, at han var klar til at gå videre. Han havde fundet sin plads i verden igen, og det var i skæbnen i kystens skum, hvor han fandt en dyb ro og en stille lykke.

Quiet Happiness

The wind blew gently from the west, and the waves lapped calmly against the cliffs of the shore. Lars sat alone on one of the old wooden benches, weathered and worn from many years exposed to the elements. It was early afternoon, and the sun cast a weak light through the gray clouds. Lars had been here before, on this same bench, and now he was back after many years. It was as if time itself had nudged him back to this place.

He pulled a small flask from his jacket and poured a little whisky into his cup. He stirred the brown liquid slowly with his finger while watching the late afternoon light. It was a simple routine, but one that had given him a certain calm throughout the many years he had been away from the coast.

The sea was quiet, but it was only an illusion. Lars knew that beneath the surface it was teeming with life, just like himself. He thought of the many years he had spent as a sailor and the numerous stories he had experienced on his travels. But now he was back where it all began. Back to his hometown, to the coast that had given him both dreams and sorrows.

He looked at the rugged cliffs breaking the waves and remembered his childhood. He recalled how, as a boy, he would climb down the cliffs and play in the water. It had been a time when he was innocent and carefree, before the world had shown its harsh realities. He knew those days would never return, but there was a beauty in remembering them, a beauty in recalling what it was like to be young and free.

A ship's bell rang faintly from the harbor, and Lars turned towards the sound. It was an old habit to listen to the bell, marking the passage of time for both the ships and himself. It was a reminder that the world still moved forward, even when one felt stuck.

He took a sip of his whisky and felt the warm liquid glide down his throat. It was not necessary to get drunk, but it provided him with a sense of comfort, a form of connection to the past. It was like finding an old friend in a time of uncertainty. He closed his eyes for a moment and imagined he was back at sea, free as a fish. But it was an escape from reality, a dream that lasted only a brief moment.

Lars opened his eyes and looked at the cliffs again. He noticed a small bird hopping among the stones. It was a good bird, one that didn't worry about the world's problems. It was a bird that lived in the moment, in a moment of joy. He envied the bird a little. It had no past or future to worry about. It flew from stone to stone, from moment to moment, living a life filled with simple satisfaction.

As twilight approached, the air began to cool. Lars rose from the bench and pulled his coat tighter around him. He walked down to the harbor and looked at the old fishing boats, lying still and waiting for the next voyage out to sea. These were the boats his father had loved, and now he felt he had a connection to them as well.

He entered the small café by the harbor, a place he used to frequent when he was younger. The café was filled with the same faces, and it felt as if time had stood still here. He sat at a table in a corner and ordered a cup of coffee. As he waited, he looked around the room and saw the old pictures on the walls. Pictures of ships and dockworkers, reminding him of a time when life was simpler and less complicated.

The coffee arrived, and he took a slow sip while watching the dark clouds gathering over the sea. He thought about how he would spend the night. He could go to the lighthouse, where his father had worked for many years. The lighthouse was a constant, a shining beacon in a world that could often be dark and unpredictable. It was a place where he had spent many hours with his father, and now he felt a longing to return there, perhaps to find some form of closure.

As night fell, Lars left the café and walked towards the lighthouse. The path was narrow and winding, and it started to rain lightly. He walked slowly, as if he wished to delay the moment. The lighthouse grew larger and more majestic as he approached, and he could see its light cutting through the darkness.

Lars reached the lighthouse and climbed the many steps he had climbed so many times before. When he reached the top, he was met by the cold wind and the magnificent view over the sea. He stood there, feeling as though he was the only person in the world. He looked out over the waves and felt a deep peace. He thought of his father and how he wished he could share this moment with him.

Even though his father was gone and his life was now filled with memories and longings, Lars felt a sense of calm in knowing he still had a connection to his original home. The lighthouse, the sea, and the old cliffs held a special significance for him, and it was in this quiet moment that he found a form of happiness. It was not a great or loud happiness, but a quiet understanding that he was still part of something larger.

As he descended the stairs and walked home, he knew he had found what he had been searching for. He had found a sense of peace, a calm in being back at the place where it all began. He returned to his bench and sat down again, now with a sense that he had completed an important part of his journey. Perhaps it was not a journey of grand adventures or heroic deeds, but it was a journey of self-discovery, and for that, he was grateful.

As the night embraced the coast and the waves continued to beat against the cliffs, Lars knew he was ready to move on. He had found his place in

the world again, and it was in the fate of the coast's foam where he found
a deep peace and a quiet happiness.

På Floden

Rolf sad alene på flodens bred, hvor den gamle båd lå fortøjet ved en lav stensokkel. Det var midt på eftermiddagen, og solen kastede et varmt, gyldent lys over landskabet. Luften var fyldt med den duft af friskt vand og våd jord, som kun opstår efter en let regn. Rolf havde tilbragt det meste af dagen med at fiske, men det var ikke fangsten, der fyldte hans sind. Det var noget dybere, noget som havde med tiden at gøre, noget som han ikke helt kunne sætte ord på.

Han havde været her i mange år, ved floden, på det samme sted hvor hans far havde lært ham at fiske som barn. Nu, mange år senere, havde han valgt at vende tilbage til denne lille kroge af verden for at finde en form for fred. Hverdagen var fyldt med krav og pligter, og det havde i lang tid føltes som om, han var faret vild i et hav af rutiner. Floden, med dens rolige bevægelser og stille plask, var hans tilflugtssted, et sted hvor tiden næsten syntes at gå i stå.

Rolf rakte ud efter sin fiskestang og begyndte at kaste linen igen. Han gjorde det med den samme langsomme, rytmiske bevægelse, som han havde lært fra sin far. Det var en rutine, en vane, som gav ham en følelse af sammenhæng med fortiden. Hver gang han kastede linen ud over vandet, tænkte han på sin far, på de dage hvor de sad sammen og talte om livet og om floden.

Det var noget, han savnede – de enkle samtaler og den stille forståelse, som kun en far kan give. Nu sad han her alene, og hver gang han tænkte på det, kunne han mærke en trang til at få de øjeblikke tilbage. Men livet var ikke sådan. Tiden gik, og folk ændrede sig. Han havde lært at acceptere det, men det gjorde det ikke lettere.

Som han sad der, kom han til at tænke på en dag, hvor floden var fyldt med mere liv. Det var en dag, hvor børn spillede på bredden, og voksne sad og snakkede om dagens begivenheder. Nu var alt stille. Der var kun ham, floden og skoven, der omgav dem som en stille vagt.

En skumfidus af en skygge bevægede sig i hjørnet af hans øje, og han så en gammel mand komme ned ad stien. Manden bar en hat, og hans ansigt var fyldt med rynker, der fortalte historier om mange års livserfaring. Han gik hen til båden og nikkede til Rolf. "Det er længe siden," sagde han med en hæs stemme, som om han ikke havde talt højt i lang tid.

"Ja," svarede Rolf og betragtede manden med en nysgerrig blanding af respekt og genkendelse. "Det er længe siden."

Den gamle mand satte sig ned ved siden af Rolf på den slidte træbænk og begyndte at fiske. Der var en ro i hans bevægelser, en slags elegance, der kom fra mange års erfaring. Rolf kunne ikke lade være med at føle, at manden bar på en visdom, som han selv kun kunne drømme om.

"Floden har ændret sig," sagde manden pludselig. "Men den har stadig sin styrke. Jeg har set mange forandringer gennem årene, men floden forbliver den samme."

Rolf nikkede. "Ja, det er sandt. Den ændrer sig, men den er altid her."

De sad i stilhed i et stykke tid, kun afbrudt af lyden af fiskestænger, der blev kastet og trukket tilbage. Rolf tænkte på, hvor meget denne form for tavshed betød for ham. Det var en stille forståelse, en måde at dele øjeblikke uden at skulle tale om dem. Det var noget, han havde haft med sin far, og som nu blev givet videre til denne gamle mand.

Da solen begyndte at synke mod horisonten, ændrede lyset sig. Det blev blødere, og farverne blev mere intense. Rolf og den gamle mand fortsatte med at fiske, og en følelse af tilfredshed fyldte Rolf. Han følte sig ikke længere alene, for der var en forbindelse her, en stille form for samhørighed.

"Du skal ikke være bange for forandringer," sagde den gamle mand til sidst. "De kommer uanset hvad, og det er en del af livet. Men floden, det er noget, du altid kan komme tilbage til."

Rolf smilede. "Jeg tror, du har ret. For selvom alt ændrer sig, er der nogle steder, som altid vil være der, når vi har brug for dem."

Da det blev mørkt, rejste Rolf og den gamle mand sig fra bænken og begyndte at pakke sammen. Det var tid til at gå hjem, men Rolf følte, at han havde fået noget værdifuldt ud af denne dag. Han havde fået en påmindelse om, hvad der virkelig betyder noget – ikke kun i øjeblikket, men også i livet som helhed.

Han tog sin fiskestang og gik hen til båden. Han satte sig ned og begyndte at ro hjemad, med en følelse af fred og tilfredshed, som han ikke havde følt i lang tid. Floden flød stille omkring ham, og han vidste, at uanset hvad der skete, ville denne stille, gamle ven altid være der for ham.

On the River

Rolf sat alone on the riverbank, where the old boat was moored to a low stone pedestal. It was mid-afternoon, and the sun cast a warm, golden light over the landscape. The air was filled with the scent of fresh water and wet earth, which only arises after a light rain. Rolf had spent most of the day fishing, but it was not the catch that occupied his mind. It was something deeper, something related to time, something he couldn't quite put into words.

He had been here for many years, by the river, at the same spot where his father had taught him to fish as a child. Now, many years later, he had chosen to return to this little corner of the world to find some form of peace. Daily life was filled with demands and obligations, and for a long time, it had felt as though he was lost in a sea of routines. The river, with its calm movements and gentle splashes, was his refuge, a place where time almost seemed to stand still.

Rolf reached for his fishing rod and began casting the line again. He did it with the same slow, rhythmic motion he had learned from his father. It was a routine, a habit, that gave him a sense of connection with the past. Every time he cast the line over the water, he thought of his father, of the days they had sat together and talked about life and the river.

It was something he missed—the simple conversations and the quiet understanding only a father can give. Now he sat alone, and every time he thought about it, he felt a longing to have those moments back. But life was not like that. Time passed, and people changed. He had learned to accept it, but it did not make it any easier.

As he sat there, he remembered a day when the river was full of more life. It was a day when children played on the banks, and adults sat talking about the day's events. Now everything was quiet. Only he, the river, and the surrounding forest stood as silent witnesses.

A shadow of a movement caught the corner of his eye, and he saw an old man walking down the path. The man wore a hat, and his face was lined with wrinkles that spoke of many years of experience. He walked over to the boat and nodded to Rolf. "It's been a long time," he said in a hoarse voice, as if he hadn't spoken loudly for a long time.

"Yes," Rolf replied, observing the man with a curious mix of respect and recognition. "It has been a long time."

The old man sat down next to Rolf on the worn wooden bench and began to fish. There was a calm in his movements, a kind of grace that came from many years of practice. Rolf couldn't help but feel that the man carried a wisdom he could only dream of.

"The river has changed," the old man said suddenly. "But it still has its strength. I've seen many changes over the years, but the river remains the same."

Rolf nodded. "Yes, that's true. It changes, but it's always here."

They sat in silence for a while, only interrupted by the sounds of fishing rods being cast and pulled back. Rolf thought about how much this kind of silence meant to him. It was a quiet understanding, a way of sharing moments without having to talk about them. It was something he had with his father, and now it was being passed on to this old man.

As the sun began to sink towards the horizon, the light changed. It became softer, and the colors grew more intense. Rolf and the old man continued fishing, and a feeling of contentment filled Rolf. He no longer felt alone, for there was a connection here, a silent form of companionship.

"Don't be afraid of changes," the old man said at last. "They come no matter what, and it's a part of life. But the river, it's something you can always come back to."

Rolf smiled. "I think you're right. For even though everything changes, there are some places that will always be there when we need them."

As darkness fell, Rolf and the old man stood up from the bench and began to pack up. It was time to go home, but Rolf felt that he had gained something valuable from this day. He had received a reminder of what really matters—not just in the moment, but in life as a whole.

He took his fishing rod and walked over to the boat. He sat down and began rowing home, with a sense of peace and contentment he had not felt in a long time. The river flowed gently around him, and he knew that no matter what happened, this quiet, old friend would always be there for him.

Det Frosne Lys

———

I en lille landsby ved foden af de bjerge, som på en klar dag virkede som en mur mod horisonten, levede en mand ved navn Peter. Han havde boet i denne landsby hele sit liv, og hans dage var fyldt med det simple arbejde, som hans far havde overdraget ham. Han passede på de få kvæg, der blev holdt i staldene, og han forsynede landsbyen med det brænde, som blev nødvendigt for at holde husene varme gennem de lange vintermåneder.

Landsbyen var som mange andre små samfund, hvor hver dag blev bestemt af årstiderne og vejret. Om vinteren, når sneen dækkede de små huse som et tykt tæppe, var dagene lange og kolde. Peter arbejdede hårdt, men der var en stille skønhed i det, som han fandt tilfredsstillende. Det var en form for ro, som kun kunne opnås gennem gentagelse og et liv tæt på naturen.

En dag, mens han arbejdede i skovene for at finde brænde, mødte han en fremmed mand. Fremmede var sjældne i landsbyen, og de fleste mennesker her levede deres liv uden meget kontakt med verden udenfor. Manden var klædt i en lang, mørk frakke, og hans ansigt var skjult af en bred hat. Han bar en stor, tung kuffert, som han havde med sig, og det var tydeligt, at han ikke var vant til at rejse i snevejr.

"God eftermiddag," sagde Peter, da han mødte manden på stien. "Kan jeg hjælpe dig med noget?"

Manden så op fra sin kuffert og nikkede. "Ja, jeg er på vej til landsbyen. Jeg har noget, jeg skal levere. Det ser ud til, at vejret ikke er venligt, så måske kan du hjælpe mig med at finde vej."

Peter nikkede og tilbød at vise manden vej til landsbyen. De gik sammen, og på vejen spurgte Peter nysgerrigt om mandens ærinde. Manden gav et kort svar. "Jeg har en pakke med mig, som skal afleveres til en af de gamle folk i landsbyen. Det er en vigtig pakke."

Da de nåede landsbyen, blev manden mødt af en lille gruppe mennesker, der havde samlet sig for at se den mærkelige gæst. Peter fulgte manden til det hus, hvor pakken skulle leveres. Det var en lille, gammel bygning med skrå tag og brune, slidte vægge.

Manden bankede på døren, og en gammel kvinde åbnede. Hun så på manden med en blanding af nysgerrighed og genkendelse. "Du er kommet," sagde hun, og der var en tone af lettelse i hendes stemme.

Manden nikkede og gav hende pakken. "Jeg har bragt dette til dig. Det er fra en ven, som du måske husker."

Kvinden tog pakken med omhyggelig hånd og begyndte at åbne den. Peter stod tilbage og så på den stille udveksling. Der var noget i denne scene, som virkede betydningsfuldt, selvom han ikke vidste, hvad det var.

Da pakken var åbnet, viste det sig at være en gammel bog, dens omslag slidte og rynkede. Kvinden så på bogen med tårer i øjnene. "Denne bog er fra min mand," sagde hun. "Han har været væk i mange år, men han sendte denne bog til mig."

Manden smilede lidt og sagde farvel. Han forlod huset og gik tilbage mod skovene, hvor han var kommet fra. Peter kunne ikke lade være med at tænke på den forbindelse, der havde været mellem kvinden og hendes mand, en forbindelse som selv sneen og kulden ikke kunne fjerne.

De følgende dage fortsatte Peter sit arbejde, men han havde en følelse af, at noget var sket, som han ikke helt kunne forstå. Livet i landsbyen fortsatte som sædvanligt, men der var en stille bevidsthed om, at der var noget dybere, der blev rullet ud i deres hverdag.

En uge senere, mens Peter arbejdede på at forberede brænde til vinteren, modtog han et brev. Det var fra kvinden, som han havde mødt den dag, manden kom med pakken. I brevet stod der en tak for den hjælp, han havde givet, og en invitation til at komme til en lille sammenkomst, som hun planlagde i anledning af sin mands minde.

Peter havde aldrig været en del af sådanne begivenheder, men han følte, at det ville være rart at være en del af noget, som var så vigtigt for en anden person. Han besluttede sig for at tage til sammenkomsten.

På dagen for sammenkomsten var sneen faldet endnu tungere, og landsbyen var dækket af et tykt lag sne. Peter gik gennem de stille gader og ind i det lille hus. Der var en varm glød indenfor, og duften af mad og stearinlys fyldte luften.

Kvinden mødte ham ved døren og viste ham ind i stuen. Der var et lille antal mennesker samlet, og der var en følelse af respekt og minde i luften. Peter fandt en plads ved pejsen og begyndte at tale med nogle af de andre gæster. Det var en stille samtale, fyldt med respekt og forståelse. Folk talte om den gamle mand, om hans liv og om hans kærlighed til sin familie.

Da aftenen gik videre, begyndte kvinden at læse fra bogen, som manden havde sendt hende. Hun læste højt, og hendes stemme var fyldt med følelser. Bogen var fyldt med breve og dagbøger fra den afdøde mand, og hver passage fortalte en historie om deres liv sammen.

Peter lyttede med rørende opmærksomhed. Han havde aldrig hørt om en sådan dyb forbindelse mellem to mennesker, og det fyldte ham med en stille, stærk følelse af respekt. Han kunne forstå, hvorfor kvinden havde haft sådan en stor glæde ved at modtage bogen, og hvorfor det havde været så vigtigt for hende at dele denne del af hendes liv med andre.

Aftenen sluttede, og folk begyndte at gå hjem. Peter gik tilbage til sit hus og tænkte over det, han havde oplevet. Han havde fået en forståelse af, at det, der betyder mest i livet, ikke altid er det, man ser på overfladen.

Det var ikke de store, spektakulære begivenheder, men de små øjeblikke af kærlighed og forbindelse, som havde betydning.

Da han lagde sig til at sove den nat, følte han en ny følelse af ro. Han havde fået en indsigt i, hvad der virkelig betyder noget, og det gav ham en stille tilfredshed. Sneen fortsatte med at falde udenfor, og verden var dækket af et lag af fred og ro.

Peter fortsatte sit liv som før, men med en ny forståelse. Han vidste nu, at hver dag var en mulighed for at skabe forbindelse, for at dele øjeblikke med dem, han holdt af. Og selvom livet kunne være enkelt og rutinepræget, havde han set, at der var skønhed og dybde i det stille liv, han levede.

The Frozen Light

In a small village at the foot of the mountains, which on a clear day seemed like a wall against the horizon, lived a man named Peter. He had spent his entire life in this village, and his days were filled with the simple work his father had handed down to him. He took care of the few cattle kept in the barns and provided the village with the firewood necessary to keep the houses warm during the long winter months.

The village was like many other small communities, where each day was determined by the seasons and the weather. In winter, when the snow covered the small houses like a thick blanket, the days were long and cold. Peter worked hard, but there was a quiet beauty in it that he found satisfying. It was a form of peace that could only be achieved through repetition and a life close to nature.

One day, while he was working in the woods to gather firewood, he encountered a stranger. Strangers were rare in the village, and most people here lived their lives with little contact with the outside world. The man was dressed in a long, dark coat, and his face was obscured by a wide hat. He carried a large, heavy suitcase, and it was clear that he was not accustomed to traveling in snowy weather.

"Good afternoon," Peter said when he met the man on the path. "Can I help you with anything?"

The man looked up from his suitcase and nodded. "Yes, I'm on my way to the village. I have something to deliver. It seems the weather isn't friendly, so perhaps you could help me find my way."

Peter nodded and offered to show the man the way to the village. They walked together, and along the way, Peter curiously asked about the man's errand. The man gave a brief response. "I have a package that needs to be delivered to one of the old folks in the village. It's an important package."

When they reached the village, the man was greeted by a small group of people who had gathered to see the unusual guest. Peter accompanied the man to the house where the package was to be delivered. It was a small, old building with a sloping roof and brown, weathered walls.

The man knocked on the door, and an old woman answered. She looked at the man with a mix of curiosity and recognition. "You've come," she said, with a note of relief in her voice.

The man nodded and handed her the package. "I've brought this for you. It's from a friend you might remember."

The woman took the package with careful hands and began to open it. Peter stood back and observed the quiet exchange. There was something significant about this scene, even though he did not fully understand what it was.

When the package was opened, it turned out to be an old book, its cover worn and creased. The woman looked at the book with tears in her eyes. "This book is from my husband," she said. "He has been gone for many years, but he sent this book to me."

The man smiled slightly and said goodbye. He left the house and walked back towards the woods where he had come from. Peter couldn't help but think about the connection between the woman and her husband, a connection that even the snow and cold could not erase.

In the days that followed, Peter continued his work, but he had a feeling that something had happened that he did not quite understand. Life in the village went on as usual, but there was a quiet awareness that something deeper was unfolding in their everyday lives.

A week later, while Peter was working on preparing firewood for the winter, he received a letter. It was from the woman he had met the day the man came with the package. The letter thanked him for his help and extended an invitation to a small gathering she was planning in memory of her husband.

Peter had never been a part of such events, but he felt that it would be nice to be part of something so important to another person. He decided to attend the gathering.

On the day of the gathering, the snow had fallen even heavier, and the village was covered with a thick layer of snow. Peter walked through the quiet streets and into the small house. There was a warm glow inside, and the smell of food and candles filled the air.

The woman greeted him at the door and showed him into the living room. A small number of people were gathered, and there was a sense of respect and remembrance in the air. Peter found a seat by the fireplace and began to talk with some of the other guests. It was a quiet conversation, filled with respect and understanding. People spoke about the old man, his life, and his love for his family.

As the evening went on, the woman began to read from the book that the man had sent her. She read aloud, and her voice was filled with emotion. The book was filled with letters and journals from the deceased man, and each passage told a story of their life together.

Peter listened with moving attentiveness. He had never heard of such a deep connection between two people, and it filled him with a quiet, strong sense of respect. He could understand why the woman had been so pleased to receive the book and why it had been so important for her to share this part of her life with others.

The evening came to a close, and people began to head home. Peter returned to his house and reflected on what he had experienced. He had gained an understanding that what matters most in life is not always what is visible on the surface. It is not the grand, spectacular events, but the small moments of love and connection that matter.

As he went to bed that night, he felt a new sense of peace. He had gained insight into what truly matters, and it gave him a quiet satisfaction. The snow continued to fall outside, and the world was covered with a layer of peace and calm.

Peter continued his life as before, but with a new understanding. He now knew that each day was an opportunity to create connections, to share moments with those he cared about. And though life could be simple and routine, he had seen that there was beauty and depth in the quiet life he led.

Maja og Havet

Maja boede i en lille kystby, hvor havet strakte sig ud mod horisonten, og bølgerne bruste mod klipperne. Det var en by, der levede med tidevandets rytme og det evige sus af vind, der bar med sig havets salt. Hun var en kvinde i sine tidlige fyrre, og hendes liv havde været fyldt med arbejde på fiskerihavnen, hvor hun tog sig af både og net og sørgede for, at alt var i orden for de mænd, der tilbragte deres dage på havet.

Majas liv var præget af en stille styrke. Hendes ansigt bar på spor af sol og vind, og hendes hænder var stærke og grove af det daglige slid. Hun havde aldrig været gift, og der var en grund til det; hendes liv var bundet til havet og de pligter, der fulgte med. Hendes dag begyndte tidligt om morgenen og sluttede sent om aftenen, og hendes tilfredshed fandt hun i det enkle, uforanderlige arbejde.

En dag, da efterårsvinden var begyndt at få en skarp kant, og det var tid til at forberede bådene til vinteren, stødte Maja på en mand, hun ikke havde set før. Han var ny i byen og bar på en bagage, der så ud til at være fyldt med mere end bare tøj. Maja bemærkede ham, mens hun arbejdede med at reparere et fiskegarn, og hendes nysgerrighed blev vækket.

Manden kom hen til hende og tilbød at hjælpe med arbejdet. "Jeg er Jacob," sagde han. "Jeg er kommet her for at finde noget fred. Jeg har hørt, at denne by har en ro, som man sjældent finder andre steder."

Maja så op fra sit arbejde og mødte hans blik. "Fred," gentog hun. "Den finder man måske, men man må arbejde for den. Havet kræver sit."

Jacob nikkede. "Jeg er klar til at arbejde. Jeg har ikke noget imod at slide."

De begyndte at arbejde sammen, og Maja fandt en vis komfort i Jacobs selskab. Han var stille og grundig, og der var noget ved hans tilstedeværelse, der mindede hende om noget fra fortiden. Måske var det hans måde at tale på, eller måske var det hans stille accept af arbejdet, som var så lig den måde, hun selv betragtede livet på.

Efter et par dage begyndte Maja og Jacob at tale mere. Jacob fortalte om sit liv, om hvordan han havde rejst fra sted til sted, på jagt efter et sted, hvor han kunne finde en form for indre ro. Maja lyttede, men hun sagde ikke meget om sig selv. Hun havde aldrig haft meget at sige om sit eget liv, og hun følte ikke behovet for at dele det.

En dag, mens de arbejdede tæt på vandet, spurgte Jacob: "Har du aldrig ønsket dig at rejse væk fra denne by?"

Maja stoppede sit arbejde og så ud mod havet. "Jeg har aldrig følt behovet for at rejse," sagde hun. "Havet er mit hjem. Jeg kender det, og det kender mig. Her finder jeg det, jeg har brug for."

Jacob rystede på hovedet. "Jeg har altid følt, at jeg skal videre. At der er et andet sted, som venter på mig."

Maja sagde ikke noget. Hun kunne forstå hans trang til at finde et nyt sted, men hun kunne ikke helt relatere til den. Hendes verden var simpel, og det var sådan, hun ønskede den. Havet var hendes konstant, hendes ven, der aldrig svigtede.

Efter et par uger begyndte efteråret at blive koldere, og dagene blev kortere. Maja og Jacob arbejdede stadig sammen, men der var en stille fornemmelse af, at noget snart ville ændre sig. Jacob begyndte at pakke sine ting, og det var klart, at hans tid i byen var ved at være forbi.

En aften, mens de sad ved havet og så på solnedgangen, spurgte Maja: "Hvad vil du gøre nu?"

Jacob så ud mod horisonten. "Jeg vil rejse videre. Jeg har fundet en ny destination i mit sind, og jeg tror, det er tid til at gå."

Maja nikkede. "Jeg håber, du finder det, du søger."

Jacob smilede. "Tak, Maja. Du har været en god ven. Jeg vil altid huske dette sted og dig."

Maja så ham gå væk, og hun følte en blanding af tristhed og lettelse. Der var noget ved Jacobs afgang, der mindede hende om livets cyklus, om hvordan folk kom og gik, og hvordan det var en del af det større billede.

Da Jacob var væk, gik Maja tilbage til sit arbejde. Hun fortsatte med at forberede bådene til vinteren, og hendes tanker fløj tilbage til de dage, hun havde tilbragt sammen med ham. Hun kunne ikke sige, at hun havde lært noget nyt om sig selv, men hun havde fået en dybere forståelse af, hvordan livets veje kunne føre folk til forskellige steder.

Efteråret blev til vinter, og Maja fortsatte med sit arbejde. Der var en stille skønhed i det rutineprægede liv, og hun fandt en ny form for ro i at gøre det, hun elskede. Havet var hendes konstant, og hun havde accepteret, at det var hendes vej i livet.

Hun tænkte nogle gange på Jacob og på hans søgen efter fred. Hun håbede, at han havde fundet det, han ledte efter, og at hans rejse havde bragt ham til det sted, han havde ønsket sig. For Maja var det nok at vide, at hun havde givet noget til en fremmed, og at hendes egen vej fortsatte med en ny form for ro.

Når hun om vinteren sad ved pejsen og lyttede til stormen udenfor, følte hun sig forbundet med noget større end sig selv. Det var som om, havet, selv når det var stille, bar på en form for visdom, der kunne forstås gennem det enkle liv, hun levede.

Og selvom hendes dage var fyldt med arbejde og rutine, vidste hun, at hver dag bar sin egen form for skønhed. Det var i det stille, i det gentagne arbejde, i det enkle liv, at hun fandt sin fred. Og det var nok for hende.

Maja and the Sea

Maja lived in a small coastal town, where the sea stretched out toward the horizon and waves crashed against the cliffs. It was a town that lived with the rhythm of the tides and the constant sound of the wind carrying the salt of the sea. She was a woman in her early forties, and her life had been filled with work at the fishing port, where she took care of boats and nets and ensured everything was in order for the men who spent their days at sea.

Maja's life was marked by a quiet strength. Her face bore traces of sun and wind, and her hands were strong and rough from daily labor. She had never been married, and there was a reason for that; her life was tied to the sea and the duties that came with it. Her day began early in the morning and ended late at night, and her satisfaction came from the simple, unchanging work.

One day, as the autumn wind started to sharpen and it was time to prepare the boats for winter, Maja encountered a man she had never seen before. He was new in town and carried a baggage that seemed to hold more than just clothes. Maja noticed him while she was working on repairing a fishing net, and her curiosity was piqued.

The man approached her and offered to help with the work. "I'm Jacob," he said. "I've come here to find some peace. I've heard that this town has a calm that is rarely found elsewhere."

Maja looked up from her work and met his gaze. "Peace," she repeated. "One might find it, but one must work for it. The sea demands its due."

Jacob nodded. "I'm ready to work. I don't mind the toil."

They began working together, and Maja found some comfort in Jacob's company. He was quiet and thorough, and there was something about his presence that reminded her of something from the past. Perhaps it was his way of speaking or his quiet acceptance of the work, which mirrored the way she herself viewed life.

After a few days, Maja and Jacob began to talk more. Jacob spoke about his life, about how he had traveled from place to place in search of a place where he could find some inner peace. Maja listened, but she said little about herself. She had never had much to say about her own life, and she felt no need to share it.

One day, as they worked near the water, Jacob asked, "Have you never wanted to leave this town?"

Maja stopped her work and looked out at the sea. "I've never felt the need to leave," she said. "The sea is my home. I know it, and it knows me. Here, I find what I need."

Jacob shook his head. "I've always felt I need to move on. That there is another place waiting for me."

Maja said nothing. She could understand his longing to find a new place, but she couldn't fully relate to it. Her world was simple, and that was how she wanted it. The sea was her constant, her friend who never failed her.

After a few weeks, autumn began to grow colder, and the days grew shorter. Maja and Jacob continued to work together, but there was a quiet sense that something would soon change. Jacob began to pack his things, and it was clear that his time in town was coming to an end.

One evening, as they sat by the sea watching the sunset, Maja asked, "What will you do now?"

Jacob looked out at the horizon. "I will move on. I have a new destination in mind, and I believe it is time to go."

Maja nodded. "I hope you find what you're looking for."

Jacob smiled. "Thank you, Maja. You've been a good friend. I will always remember this place and you."

Maja watched him leave, and she felt a mix of sadness and relief. There was something about Jacob's departure that reminded her of the cycle of life, how people came and went, and how it was part of a larger picture.

When Jacob was gone, Maja returned to her work. She continued to prepare the boats for winter, and her thoughts drifted back to the days she had spent with him. She couldn't say that she had learned anything new about herself, but she had gained a deeper understanding of how life's paths could lead people to different places.

Autumn turned to winter, and Maja continued her work. There was a quiet beauty in the routine of her life, and she found a new form of peace in doing what she loved. The sea was her constant, and she had accepted that it was her path in life.

Sometimes, as she sat by the fireplace in winter and listened to the storm outside, she felt connected to something larger than herself. It was as if the sea, even when calm, carried a form of wisdom that could be understood through the simple life she led.

And though her days were filled with work and routine, she knew that each day carried its own form of beauty. It was in the quiet, in the repetitive work, in the simple life that she found her peace. And that was enough for her.

Efterår ved Søerne

———

I det stille efterår i København, hvor de brune og gyldne blade svandt ind langs søernes bredder, gik Peter langs Søerne. Det var en tid på året, hvor byen begyndte at indtage en roligere rytme. Træerne langs søerne bar på farverne fra sæsonens skifte, og det var en tid, hvor efterårets kulde blev mærket i luften, men endnu ikke var så bidende, at det truede med vinterens hårdhed.

Peter var en mand i sin sene halvtredser, og han levede alene i en lille lejlighed på Nørrebro. Hver dag gik han den samme tur rundt om søerne. Det var blevet en rutine, men en rutine han havde fundet en vis fred i. Han havde haft mange forskellige job i sit liv, men nu var han pensioneret og brugte sin tid på at gå tur og tænke. Det var en form for meditation for ham.

En morgen, mens han gik langs de foranderlige farver af træerne, mødte han en ung kvinde, der sad på en bænk. Hun så ud til at være dybt optaget af en bog og bemærkede knap hans nærvær, da han passerede. Peter lagde mærke til hende, ikke fordi hun var noget særligt, men fordi hun virkede så koncentreret i sin egen verden. Han havde en vane med at observere de mennesker, han mødte på sin vej, og denne kvinde var ingen undtagelse.

Det var en kold morgen, og den friske luft bar en let fugtighed. Peter gik videre, og senere, mens han gik tilbage mod sin lejlighed, så han kvinden igen. Denne gang sad hun på en anden bænk, og bogen var nu lukket. Hun så ud til at vente på noget, eller måske på nogen. Peter stoppede op og tog mod til sig.

"Godmorgen," sagde han. "Jeg kunne ikke undgå at bemærke, at du har været her et stykke tid."

Kvinden så op og smilede venligt. "Godmorgen. Jeg nyder bare morgenstunden. Jeg har altid haft en forkærlighed for efteråret."

Peter nikkede. "Jeg også. Der er noget beroligende ved denne tid på året. Det er som om, verden langsomt forbereder sig på noget."

Kvinden nikkede. "Mit navn er Maria. Jeg er ny i byen, og jeg er her for at finde lidt ro. Efteråret er en tid, hvor jeg kan tænke klart."

De begyndte at tale, og Peter opdagede, at Maria var en kunstner, der havde flyttet til København for at finde inspiration. Hun havde valgt efteråret, fordi hun fandt det som en tid fyldt med farver og følelser, der kunne vække hendes kreativitet. Hendes øjne lyste op, når hun talte om sine planer og ideer.

"Jeg har altid haft en idé om, at efteråret er en tid for forandring," sagde Maria. "Bladene falder, men der er en skønhed i det. Det er som om, naturen forbereder sig på en ny begyndelse."

Peter lyttede. "Jeg har aldrig set det sådan. Jeg har bare set efteråret som en tid, hvor tingene bliver lidt mere stille."

De fortsatte med at mødes ved søerne, og deres samtaler blev en del af Peters rutine. Maria talte om hendes kunst, og Peter delte sine tanker om livet og sine observationer fra sine ture rundt om søerne. De havde ikke meget til fælles, men der var en stille forståelse mellem dem, en form for venskab der ikke krævede meget.

En dag, mens regnen faldt i fine stråler og dækkede landskabet med en glinsende overflade, satte Peter sig på en bænk ved siden af Maria. Det var den slags efterår, der kunne være både melankolsk og smuk. Maria havde sin skitsebog med sig og arbejdede på at fange de flygtige øjeblikke af regn og farve.

"Jeg har lært meget af vores samtaler," sagde Peter, mens han så på Maria. "Jeg troede ikke, at efteråret kunne være så inspirerende."

Maria smilede. "Efteråret er en tid for refleksion. Det er en tid, hvor man kan se tilbage og også forberede sig på det nye."

Peter nikkede. "Måske er det også sådan med vores liv. Vi ser tilbage på det, vi har gjort, og vi forbereder os på, hvad der kommer."

Deres tid sammen blev en del af Peters liv, og selvom Maria havde sine egne planer og ideer, fandt hun en form for trøst i hans selskab. Hun fortalte om sine bestræbelser på at forstå byen og finde sin plads i den. Peter, på sin side, fandt en ny form for glæde i at dele sine oplevelser med hende.

Efter et par uger blev efteråret dybere, og bladene begyndte at falde i et hurtigere tempo. Peter og Maria mødtes stadig, men det blev klart, at Maria snart ville tage videre. Hun havde besluttet sig for at rejse til en anden by for at søge ny inspiration.

På en af de sidste dage, hvor Maria var i København, sad de sammen på en bænk og så på solnedgangen over søerne. Der var en stille skønhed i øjeblikket, og Peter følte en form for tristhed over, at deres tid sammen var ved at være slut.

"Jeg har haft en vidunderlig tid her," sagde Maria. "København har givet mig meget, og dine samtaler har været en stor del af det."

Peter så på hende og smilede. "Det har været en fornøjelse at møde dig, Maria. Jeg har lært meget af dig også. Jeg håber, du finder det, du søger."

Maria nikkede og så ud mod horisonten. "Tak, Peter. Jeg vil tage dine ord med mig. Jeg har følt en ro her, som jeg ikke har følt andre steder."

Da Maria gik, følte Peter en blanding af melankoli og taknemmelighed. Han havde lært, at efteråret kunne være en tid for forandring og refleksion, og at det kunne bringe mennesker sammen på uventede måder. Det var som om, denne sæson havde givet ham en ny forståelse af livets cyklus og betydningen af de øjeblikke, vi deler med andre.

Da vinteren nærmede sig, og kulden begyndte at bide i luften, fortsatte Peter med sine daglige ture rundt om søerne. Han følte stadig en forbindelse til Maria og hendes kunstneriske ånd, og han tænkte ofte på deres samtaler, mens han gik gennem de stille gader i København.

Peter fortsatte med at finde trøst i de enkle ting: den klare luft, de stille søer og de farverige blade, der nu var blevet til en blid skovbund. Efteråret var forbi, men dets indflydelse på hans liv var blevet varig. Det havde givet ham en ny forståelse af, hvordan man kan finde skønhed og fred i selv de mest rutineprægede dage.

Han vidste, at hver sæson bringer sin egen form for skønhed, og at livet fortsætter med at ændre sig. Og selvom Maria var rejst videre, bar han på minderne om deres tid sammen og den stille ro, som efteråret havde bragt til hans liv.

Når Peter sad ved vinduet i sin lille lejlighed, og så ud på de første snefnug, der begyndte at falde, følte han en stille tilfredshed.

Autumn by the Lakes

In the quiet autumn of Copenhagen, where the brown and golden leaves dwindled along the shores of the lakes, Peter walked along the Lakes. It was a time of year when the city began to adopt a slower rhythm. The trees along the lakes displayed the colors of the season's change, and it was a time when autumn's chill was felt in the air but was not yet biting enough to threaten the harshness of winter.

Peter was a man in his late fifties, living alone in a small apartment in Nørrebro. Every day, he walked the same route around the lakes. It had become a routine, but one he had found a certain peace in. He had held many different jobs in his life, but now he was retired and spent his time walking and thinking. It was a form of meditation for him.

One morning, as he walked along the changing colors of the trees, he encountered a young woman sitting on a bench. She appeared deeply absorbed in a book and barely noticed his presence as he passed by. Peter observed her, not because she was extraordinary, but because she seemed so concentrated in her own world. He had a habit of observing the people he met on his walks, and this woman was no exception.

It was a cold morning, and the fresh air carried a slight dampness. Peter continued his walk, and later, as he walked back toward his apartment, he saw the woman again. This time she was on a different bench, and the book was now closed. She seemed to be waiting for something, or perhaps someone. Peter gathered his courage.

"Good morning," he said. "I couldn't help but notice that you've been here for a while."

The woman looked up and smiled warmly. "Good morning. I'm just enjoying the morning. I've always had a fondness for autumn."

Peter nodded. "So do I. There's something calming about this time of year. It's as if the world is slowly preparing for something."

The woman nodded. "My name is Maria. I'm new to the city, and I'm here to find some peace. Autumn is a time when I can think clearly."

They began to talk, and Peter discovered that Maria was an artist who had moved to Copenhagen to find inspiration. She had chosen autumn because she found it to be a time filled with colors and emotions that could ignite her creativity. Her eyes lit up as she spoke about her plans and ideas.

"I've always thought of autumn as a time for change," Maria said. "The leaves fall, but there's a beauty in it. It's as if nature is preparing for a new beginning."

Peter listened. "I've never seen it that way. I've always seen autumn as a time when things become a bit quieter."

They continued to meet by the lakes, and their conversations became a part of Peter's routine. Maria talked about her art, and Peter shared his thoughts on life and his observations from his walks around the lakes. They didn't have much in common, but there was a quiet understanding between them, a form of friendship that didn't require much.

One day, as the rain fell in fine droplets and covered the landscape with a glistening surface, Peter sat on a bench next to Maria. It was the kind of autumn day that could be both melancholic and beautiful. Maria had her sketchbook with her and was working on capturing the fleeting moments of rain and color.

"I've learned a lot from our conversations," Peter said, as he looked at Maria. "I didn't realize autumn could be so inspiring."

Maria smiled. "Autumn is a time for reflection. It's a time when one can look back and also prepare for what's new."

Peter nodded. "Maybe it's the same with our lives. We look back at what we've done, and we prepare for what's to come."

Their time together became a part of Peter's life, and even though Maria had her own plans and ideas, she found comfort in his company. She spoke about her efforts to understand the city and find her place in it. Peter, in turn, found a new joy in sharing his experiences with her.

As the weeks passed, autumn deepened, and the leaves began to fall at a quicker pace. Peter and Maria still met, but it became clear that Maria would soon be leaving. She had decided to travel to another city in search of new inspiration.

On one of the last days before Maria left Copenhagen, they sat together on a bench and watched the sunset over the lakes. There was a quiet beauty in the moment, and Peter felt a sense of sadness that their time together was coming to an end.

"I've had a wonderful time here," Maria said. "Copenhagen has given me a lot, and your conversations have been a big part of it."

Peter looked at her and smiled. "It has been a pleasure to meet you, Maria. I've learned a lot from you as well. I hope you find what you're looking for."

Maria nodded and looked out at the horizon. "Thank you, Peter. I will take your words with me. I've felt a peace here that I haven't felt anywhere else."

As Maria left, Peter felt a mix of melancholy and gratitude. He had learned that autumn could be a time for change and reflection, and that it could bring people together in unexpected ways. It was as if this season had given him a new understanding of the cycles of life and the importance of the moments we share with others.

As winter approached and the cold began to bite at the air, Peter continued his daily walks around the lakes. He still felt a connection to Maria and her artistic spirit, and he often thought about their conversations as he walked through the quiet streets of Copenhagen.

Peter continued to find solace in the simple things: the clear air, the quiet lakes, and the colorful leaves that had now become a gentle forest floor. Autumn had passed, but its influence on his life had become enduring. It had given him a new appreciation for finding beauty and peace in even the most routine days.

He knew that each season brought its own form of beauty and that life continued to change. And although Maria had moved on, he carried with him the memories of their time together and the quiet peace that autumn had brought into his life.

As Peter sat by his window in his small apartment and watched the first snowflakes begin to fall, he felt a quiet contentment.

En Stille Glæde

I en lille landsby i Jylland boede Niels, en mand, der levede et stille liv. Landsbyen var ikke stor, men den havde sine egne særpræg. Hver dag gik Niels sine rutineprægede ture til marken, hvor han arbejdede på sin gård. Det var en enkelt tilværelse, men en han havde accepteret med en stille tilfredshed.

Niels var en mand i sin tidlige halvtredsere. Han havde aldrig været gift og havde aldrig haft meget kontakt med verden uden for landsbyen. Han var en mand af få ord, der fandt sin glæde i det simple. Han tog sig af sine marker, sine dyr, og han nød de stille stunder, hvor han kunne sidde og betragte det skiftende landskab.

Det var en tidlig morgen i juni, og fuglene kvitrede livligt. Niels arbejdede på marken, da han blev opmærksom på en ung kvinde, der gik langs vejen, der førte til landsbyen. Hun bar en stor kuffert og så ud til at være på vej et sted hen. Niels observerede hende i et stykke tid, før han gik hen til hende.

"Godmorgen," sagde han. "Det ser ud til, at du er på vej til et sted."

Kvinden så op og smilede. "Godmorgen. Jeg hedder Anna. Jeg er på vej til landsbyen for at finde noget arbejde. Jeg har hørt, at det er en rolig og venlig sted."

Niels nikkede. "Landsbyen er stille. Der er ikke meget her, men folk er venlige."

Anna sagde tak og fortsatte sin vej. Niels så hende gå og bemærkede, at der var noget ved hendes måde at gå på, som fik ham til at tænke på noget, han ikke kunne helt placere. Det var som om, hun bar på en form for energi, der var anderledes end det, han var vant til.

I de følgende dage så Niels Anna ofte i landsbyen. Hun begyndte at arbejde på den lille kro, der lå i udkanten af byen. Niels mødte hende af og til, når han gik til kroen for at få et måltid eller en kop kaffe. De udvekslede venlige ord, men ikke meget mere.

En dag, mens Niels gik gennem landsbyen, bemærkede han, at Anna sad på en bænk i den lille park. Hun så ud til at være dybt optaget af noget i sine hænder. Niels gik hen til hende og satte sig ved siden af hende.

"Hvordan går det?" spurgte han.

Anna så op og smilede. "Det går godt. Jeg arbejder på at male et billede af landsbyen. Jeg finder stor glæde i at fange de små øjeblikke af skønhed, som man måske ikke altid lægger mærke til."

Niels kiggede på hendes arbejde. Det var en skitse af landsbyen set fra en lille bakke. Det var ikke perfekt, men der var noget ægte ved det. Han nikkede anerkendende.

"Det ser godt ud," sagde han. "Jeg har aldrig set landsbyen på den måde."

Anna smilede. "Det er det, der er skønheden ved kunst. Man ser verden gennem en anden linse."

De begyndte at tale mere. Anna fortalte om sin baggrund, om hvordan hun havde rejst rundt og arbejdet som kunstner i forskellige byer. Hun havde besluttet at bosætte sig i denne lille landsby, fordi hun havde en følelse af, at hun kunne finde noget, hun havde søgt efter i lang tid.

Niels lyttede med interesse. Han havde aldrig rejst meget og havde aldrig haft mange muligheder for at opleve verden uden for landsbyen. Men han blev fascineret af Annas passion og hendes evne til at finde skønhed i det, der var omkring hende.

En dag, mens Niels og Anna gik en tur sammen, spurgte Anna: "Hvad bringer dig glæde, Niels?"

Niels tænkte et øjeblik. "Glæde?" sagde han. "Jeg finder glæde i at arbejde på marken, at se tingene vokse. Jeg finder glæde i at se de små ændringer i landskabet, når årstiderne skifter. Det er en stille glæde, men det er nok for mig."

Anna nikkede. "Det lyder som en form for ro. Jeg tror, jeg har brug for at forstå mere af den stille glæde, som du taler om."

De fortsatte med at tilbringe tid sammen, og deres samtaler blev en del af deres daglige rutine. Anna delte sine kunstværker med Niels, og han begyndte at forstå, hvordan hendes kunst kunne fange det, han havde betragtet som almindeligt. Hun viste ham, hvordan man kunne se skønheden i de enkle ting og i de stille øjeblikke.

Niels begyndte at se landsbyen med nye øjne. Han opdagede skønheden i de små detaljer, som han tidligere havde overset. Det var som om, Annas kunst havde åbnet hans øjne for en ny måde at opleve verden på.

En dag, da efteråret nærmede sig, og bladene begyndte at få gyldne nuancer, blev Niels og Anna enige om at tage en tur til en nærliggende skov. De gik gennem skoven, og Niels blev fascineret af de farver og former, som han så omkring sig. Anna samlede blade og grene og talte om, hvordan hun kunne bruge dem i hendes kunst.

De satte sig ned ved en lille bæk, og Anna begyndte at tegne. Niels sad stille ved siden af hende og nød øjeblikket. Det var som om, han havde fundet en ny form for glæde i at dele denne oplevelse med nogen, der så verden på en anderledes måde.

"Jeg har aldrig set skoven sådan før," sagde Niels. "Din måde at betragte tingene på har åbnet mine øjne."

Anna smilede. "Og jeg har lært så meget af dig, Niels. Du har vist mig, hvordan man kan finde skønhed i det enkle og det stille."

Som tiden gik, blev Niels og Anna nære venner. Anna fandt en form for ro i landsbyen, og Niels fandt glæde i hendes selskab og i den måde, hun havde åbnet hans øjne for nye perspektiver. Deres tid sammen var fyldt med samtaler, kunst og stille øjeblikke af skønhed.

Da vinteren nærmede sig, begyndte Anna at forberede sig på at tage videre. Hun havde besluttet at rejse til en ny by, hvor hun kunne fortsætte sin kunstneriske rejse. Niels følte en blanding af sorg og taknemmelighed. Han vidste, at hendes tid i landsbyen snart ville være forbi, men han var glad for den indflydelse, hun havde haft på hans liv.

På en af de sidste dage, hvor Anna var i landsbyen, gik de en tur til marken. Det var en kold dag, og sneen dækkede landskabet med et tyndt lag. Niels og Anna gik langsomt og talte om deres tid sammen.

"Jeg vil savne denne landsby," sagde Anna. "Det har været en vidunderlig oplevelse at være her."

Niels nikkede. "Jeg vil også savne dig, Anna. Du har givet mig en ny forståelse af glæde og skønhed."

Anna smilede. "Tak, Niels. Jeg har også lært meget af dig. Jeg vil tage de minder med mig og bruge dem i min kunst."

Da Anna rejste, følte Niels en stille tilfredshed. Han vidste, at deres tid sammen havde givet ham en ny form for glæde, en glæde han kunne finde i de enkle øjeblikke og i de stille stunder af skønhed. Han følte sig beriget af hendes selskab og de nye perspektiver, hun havde givet ham.

Da vinteren blev dybere, og kulden begyndte at bide, fortsatte Niels med sit daglige arbejde på marken. Han fandt stadig glæde i de små ting, som han havde lært at værdsætte. Selv om Anna var væk, bar han på minderne om deres tid sammen og den stille glæde, hun havde hjulpet ham med at opdage.

53

A Quiet Joy

In a small village in Jutland lived Niels, a man who led a quiet life. The village wasn't large, but it had its own peculiar charm. Every day, Niels took his routine walks to the fields, where he worked on his farm. It was a simple existence, but one he had accepted with quiet satisfaction.

Niels was a man in his early fifties. He had never been married and had rarely had contact with the world outside the village. He was a man of few words, finding joy in simplicity. He tended to his fields, his animals, and enjoyed the quiet moments where he could sit and watch the changing landscape.

One early June morning, as birds chirped lively, Niels was working in the fields when he noticed a young woman walking along the road leading to the village. She carried a large suitcase and seemed to be heading somewhere. Niels observed her for a while before walking over.

"Good morning," he said. "It looks like you're on your way somewhere."

The woman looked up and smiled. "Good morning. My name is Anna. I'm on my way to the village to find some work. I've heard it's a peaceful and friendly place."

Niels nodded. "The village is quiet. There isn't much here, but the people are friendly."

Anna thanked him and continued on her way. Niels watched her go and noticed something about her demeanor that he couldn't quite place. It was as if she carried a form of energy that was different from what he was used to.

In the following days, Niels saw Anna often in the village. She had started working at the small inn on the edge of town. Niels encountered her from time to time when he went to the inn for a meal or a cup of coffee. They exchanged friendly words, but not much more.

One day, as Niels walked through the village, he noticed Anna sitting on a bench in the small park. She seemed deeply absorbed in something in her hands. Niels walked over and sat down beside her.

"How are you?" he asked.

Anna looked up and smiled. "I'm well. I'm working on painting a picture of the village. I find great joy in capturing the little moments of beauty that one might not always notice."

Niels looked at her work. It was a sketch of the village seen from a small hill. It wasn't perfect, but there was something genuine about it. He nodded approvingly.

"It looks good," he said. "I've never seen the village that way before."

Anna smiled. "That's the beauty of art. You see the world through a different lens."

They began to talk more. Anna shared her background, about how she had traveled around and worked as an artist in different cities. She had decided to settle in this small village because she felt it offered something she had been searching for a long time.

Niels listened with interest. He had never traveled much and had seldom had opportunities to experience the world outside the village. But he was fascinated by Anna's passion and her ability to find beauty in what was around her.

One day, as autumn approached and the leaves began to take on golden hues, Niels and Anna agreed to take a trip to a nearby forest. They walked through the forest, and Niels was fascinated by the colors and shapes he saw around him. Anna collected leaves and branches and talked about how she could use them in her art.

They sat by a small brook, and Anna began to draw. Niels sat quietly beside her and enjoyed the moment. It was as if he had found a new form of joy in sharing this experience with someone who saw the world differently.

"I've never seen the forest like this before," Niels said. "Your way of observing things has opened my eyes."

Anna smiled. "And I've learned so much from you, Niels. You've shown me how to find beauty in the simple and the quiet."

As time went on, Niels and Anna became close friends. Anna found a form of peace in the village, and Niels found joy in her company and in the way she had opened his eyes to new perspectives. Their time together was filled with conversations, art, and quiet moments of beauty.

As winter approached, Anna began preparing to move on. She had decided to travel to a new city where she could continue her artistic journey. Niels felt a mix of sorrow and gratitude. He knew that her time in the village was soon coming to an end, but he was glad for the impact she had had on his life.

On one of the last days before Anna left the village, they took a walk to the fields. It was a cold day, and the snow covered the landscape with a thin layer. Niels and Anna walked slowly and talked about their time together.

"I will miss this village," Anna said. "It has been a wonderful experience to be here."

Niels nodded. "I will miss you too, Anna. You have given me a new understanding of joy and beauty."

Anna smiled. "Thank you, Niels. I've learned so much from you as well. I will take these memories with me and use them in my art."

As Anna left, Niels felt a quiet satisfaction. He knew that their time together had given him a new form of joy, a joy he could find in the simple moments and in the quiet instances of beauty. He felt enriched by her company and the new perspectives she had given him.

As winter deepened and the cold began to bite, Niels continued his daily work in the fields. He still found joy in the small things he had learned to appreciate. Although Anna was gone, he carried the memories of their time together and the quiet joy she had helped him discover.

9 798227 530745